COLOR IT.

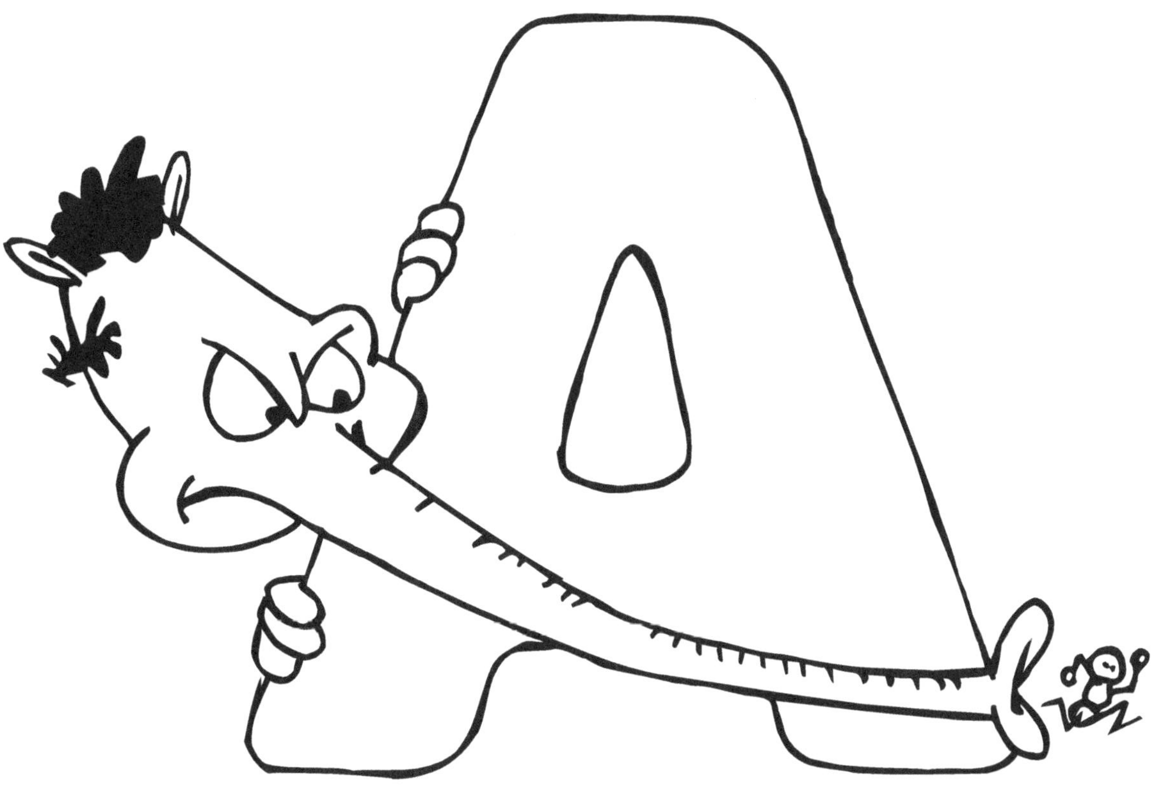

TRACE IT.

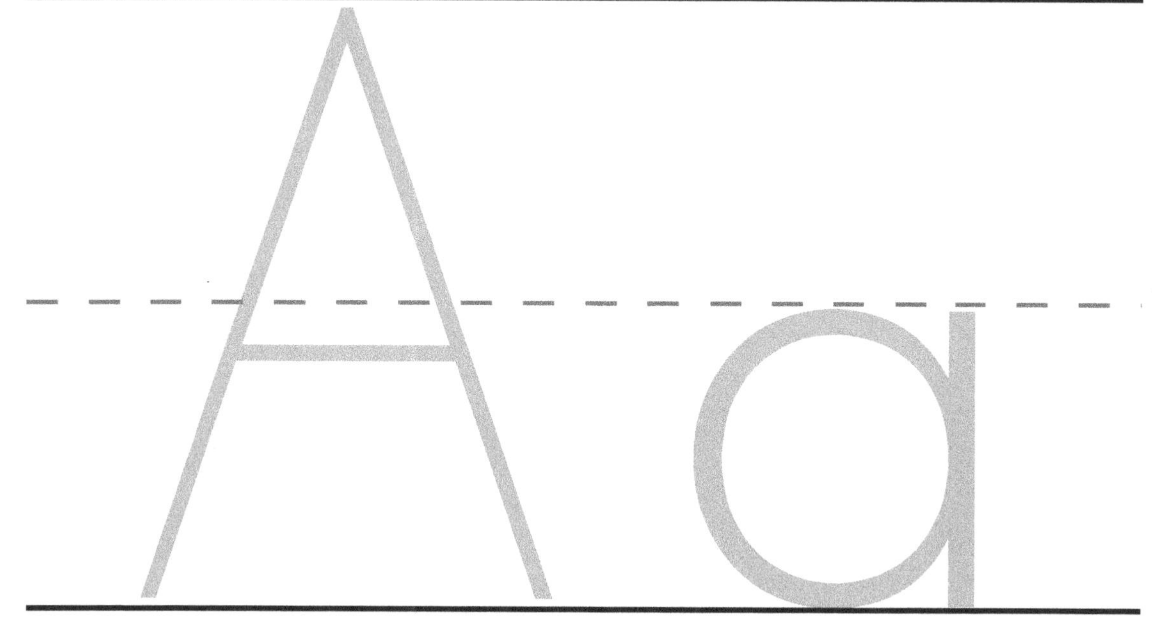

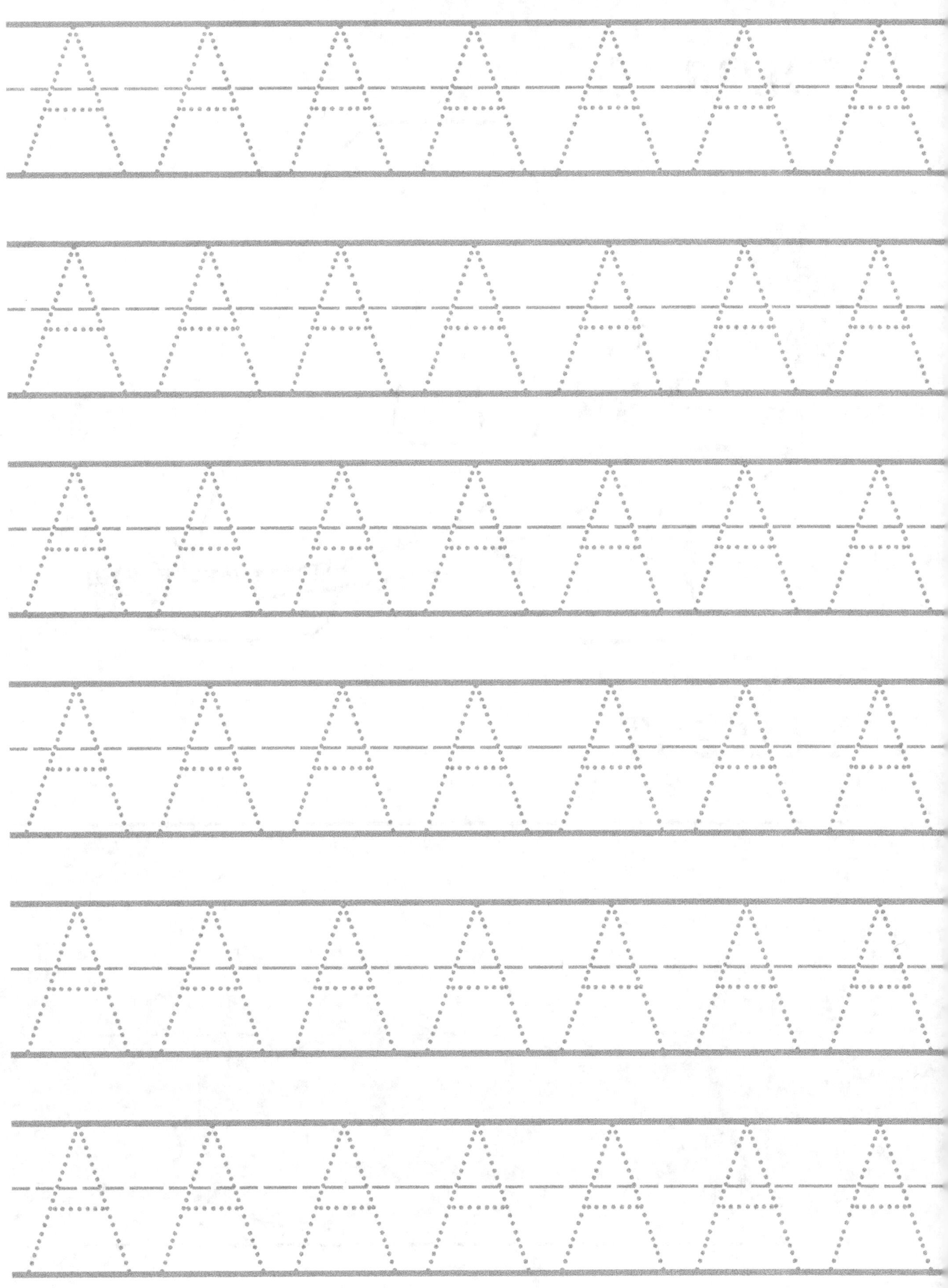

COLOR IT.

TRACE IT.

COLOR IT.

TRACE IT.

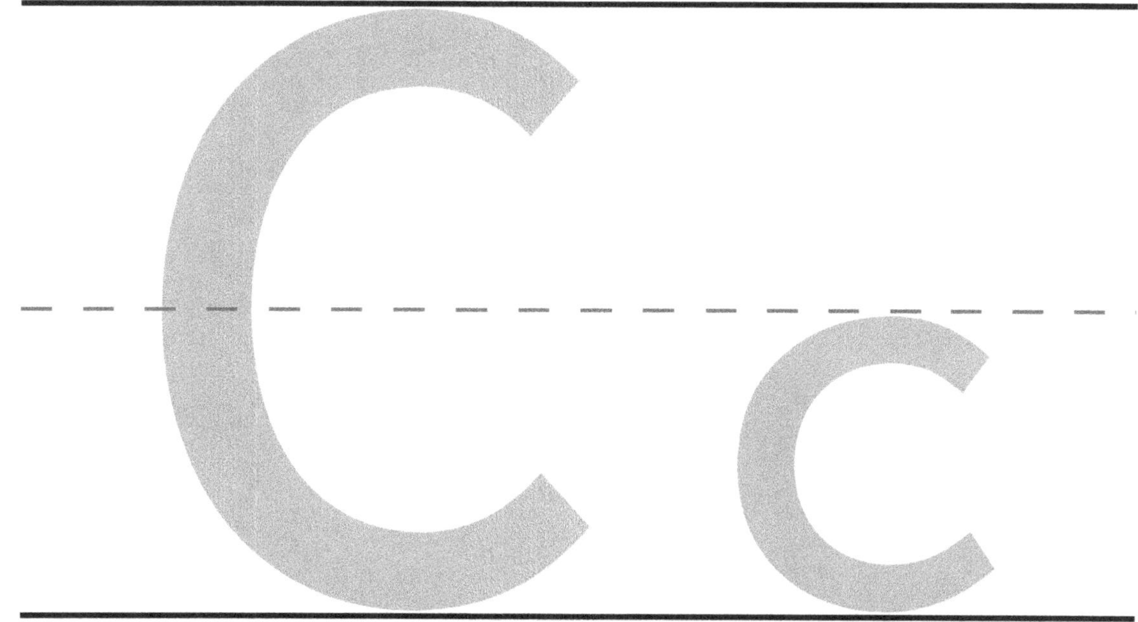

c c c c c c c

c c c c c c c

c c c c c c c

c c c c c c c

c c c c c c c

c c c c c c c

C C C C C C C

C C C C C C C

C C C C C C C

C C C C C C C

C C C C C C C

C C C C C C C

COLOR IT.

TRACE IT.

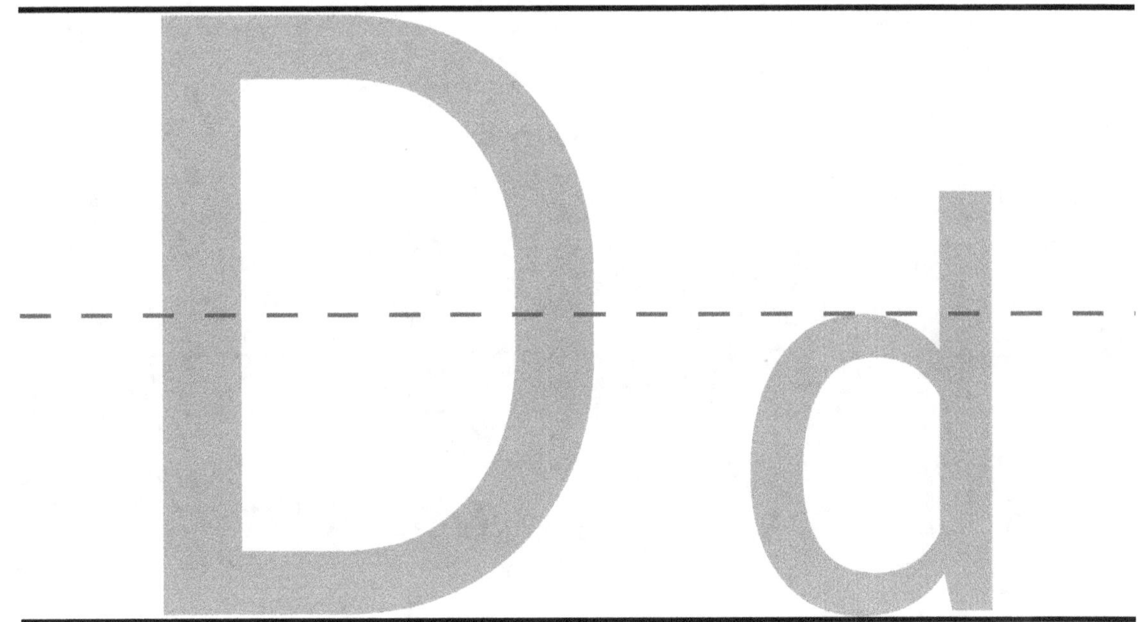

COLOR IT.

TRACE IT.

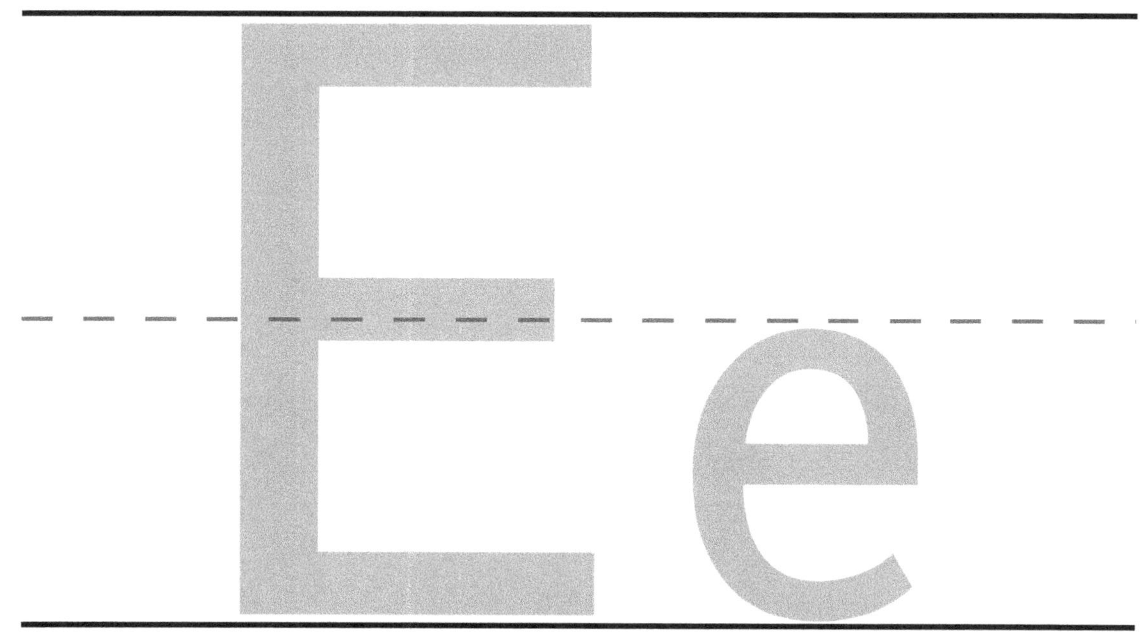

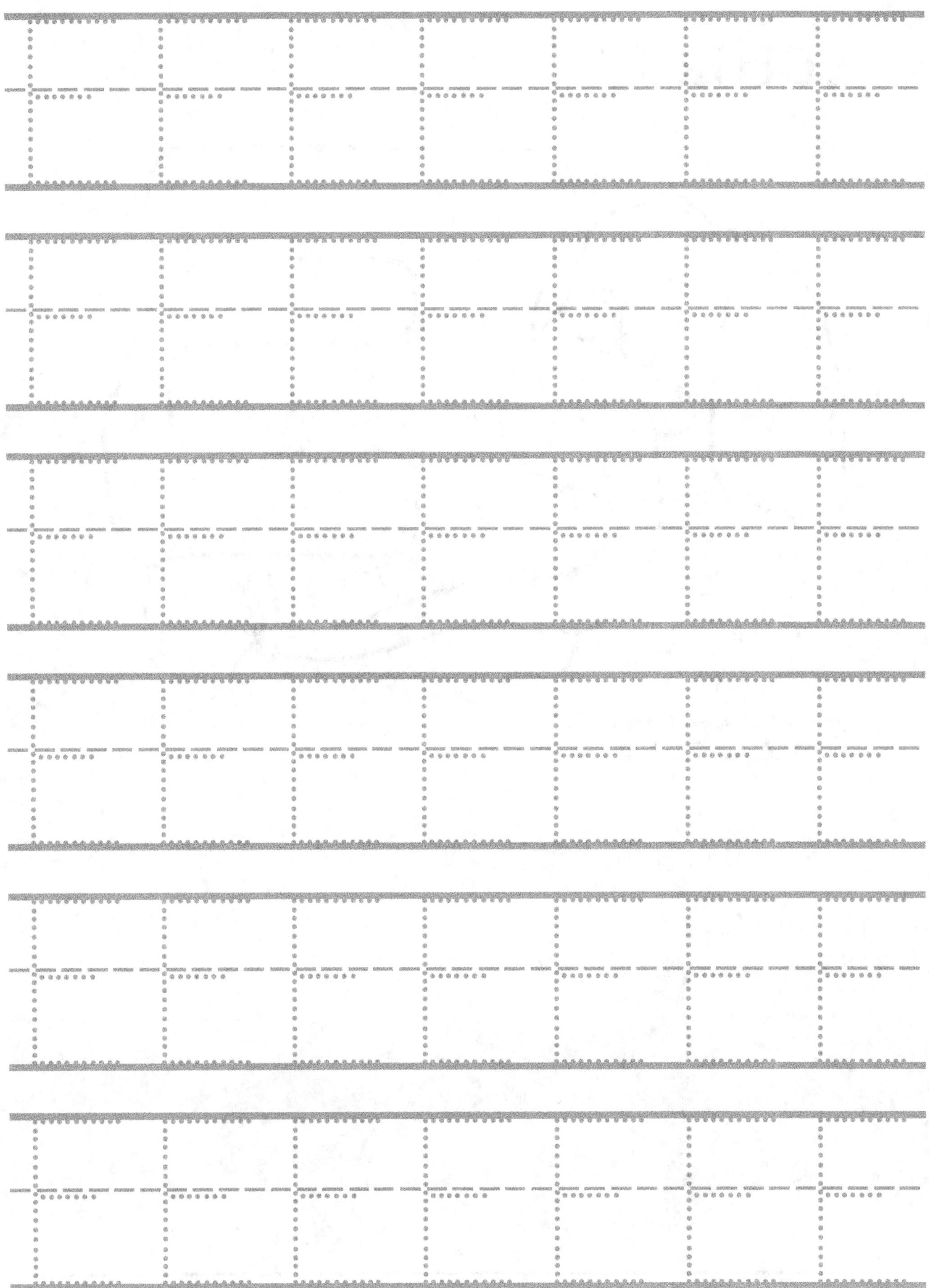

e e e e e e e

e e e e e e e

e e e e e e e

e e e e e e e

e e e e e e e

e e e e e e e

COLOR IT.

TRACE IT.

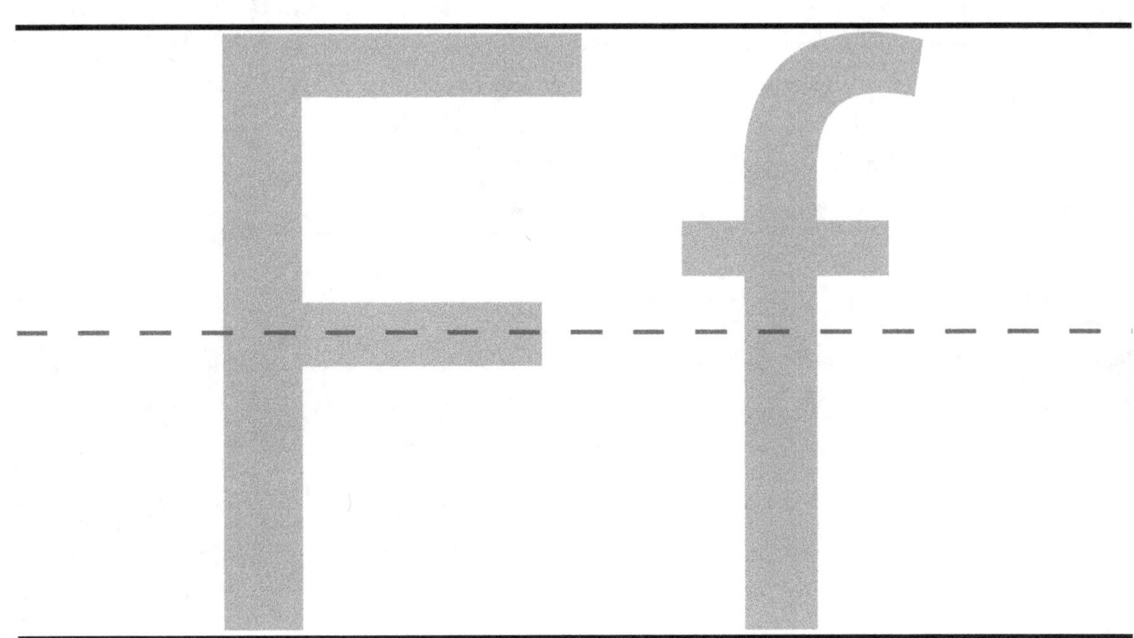

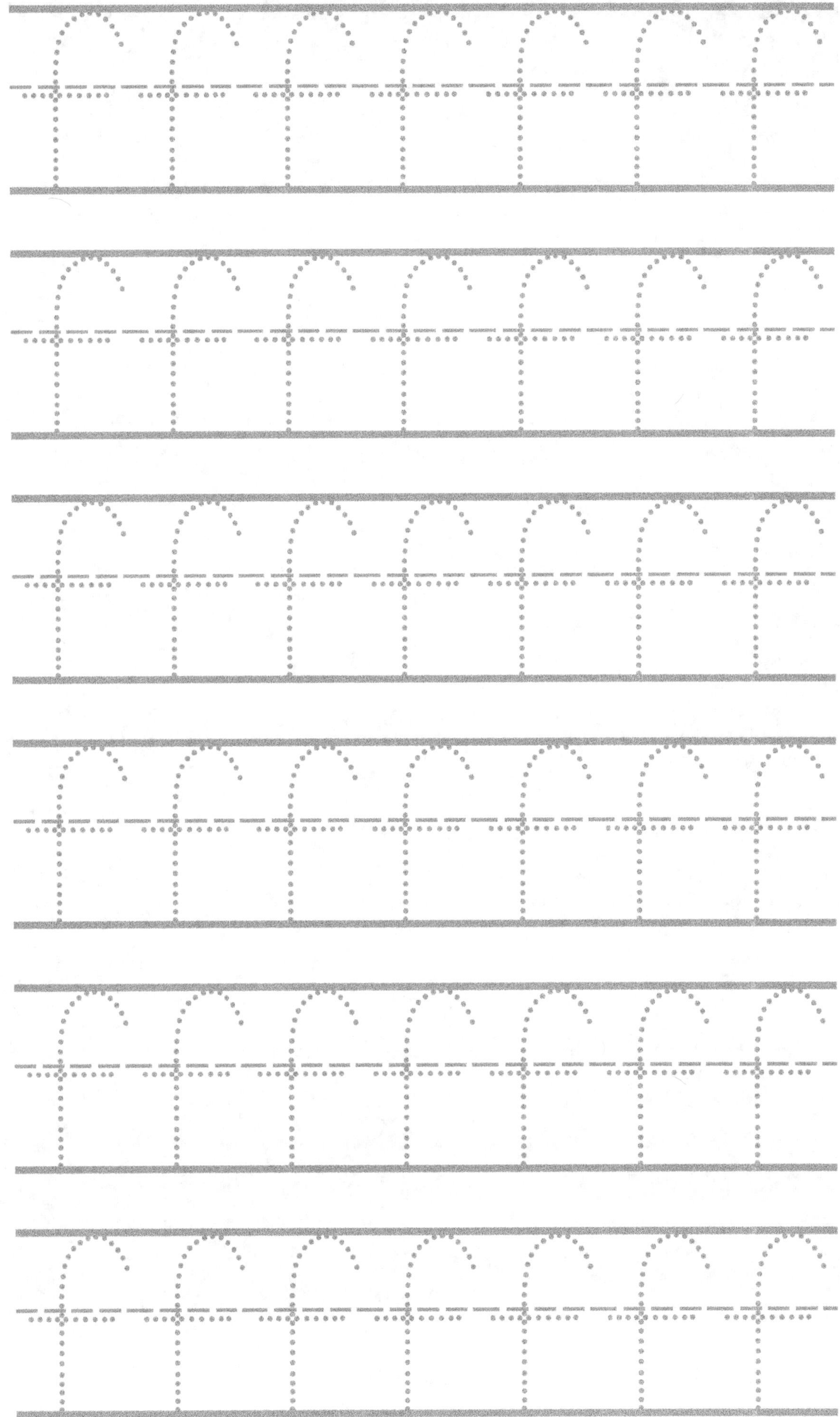

COLOR IT.

TRACE IT.

G g

G G G G G G G

G G G G G G G

G G G G G G G

G G G G G G G

G G G G G G G

G G G G G G G

COLOR IT.

TRACE IT.

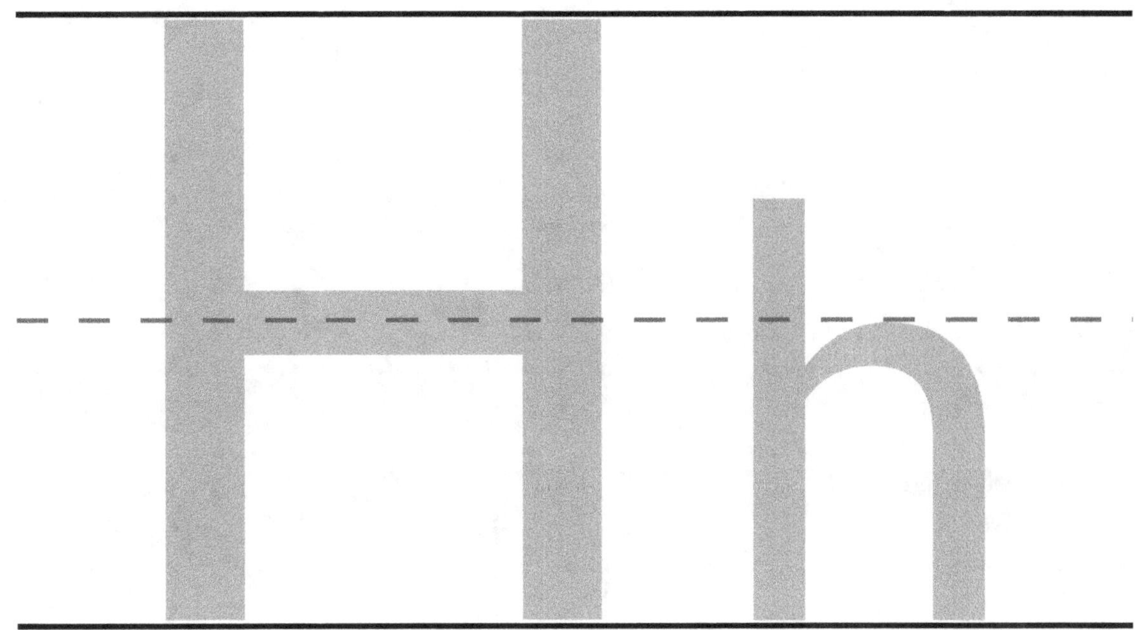

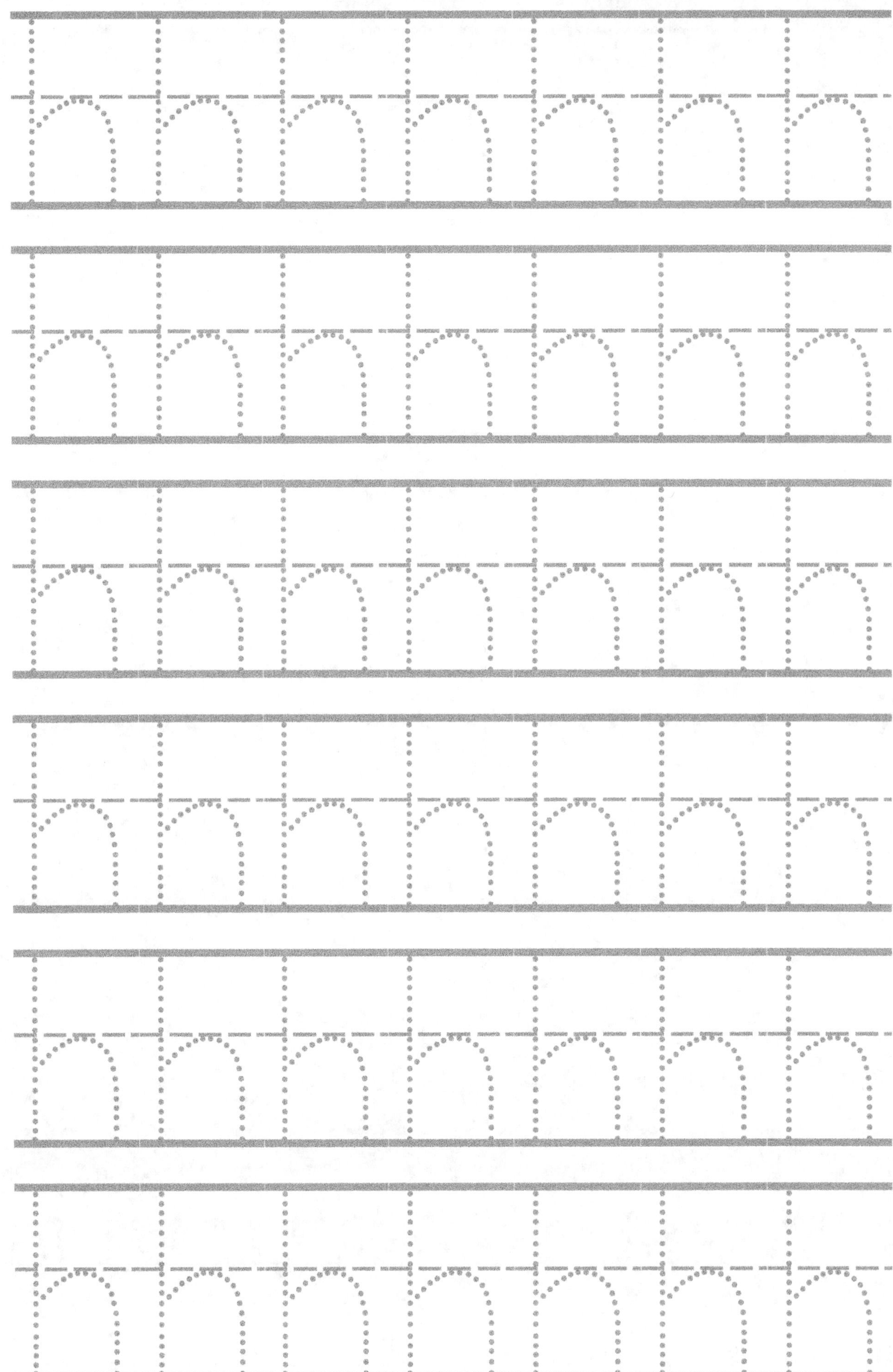

COLOR IT.

TRACE IT.

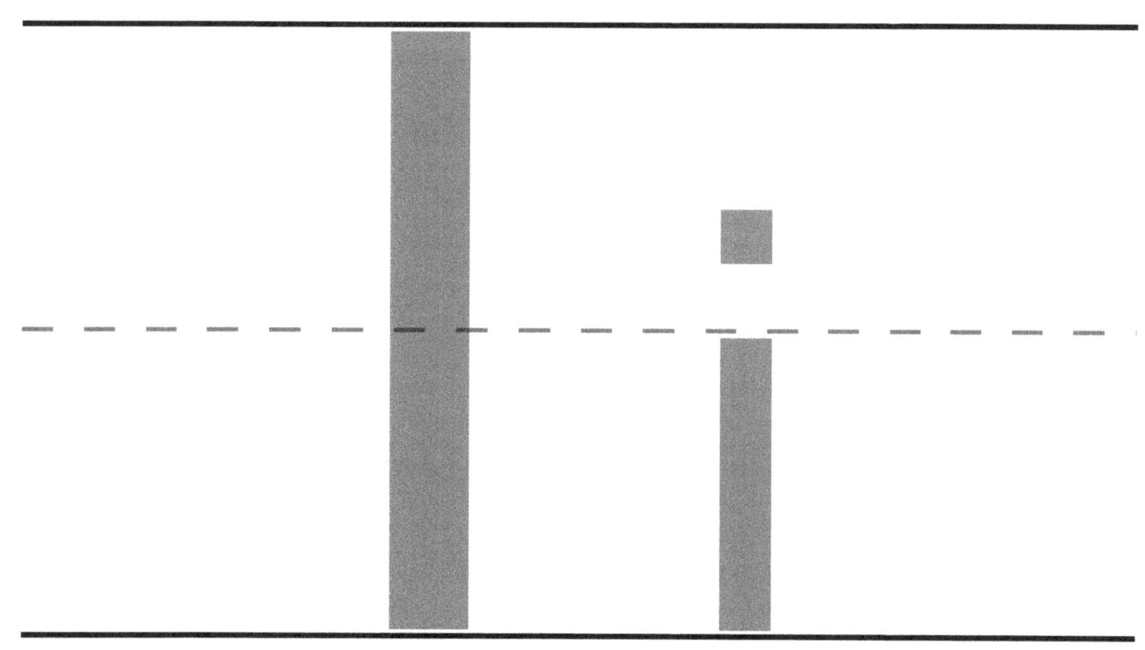

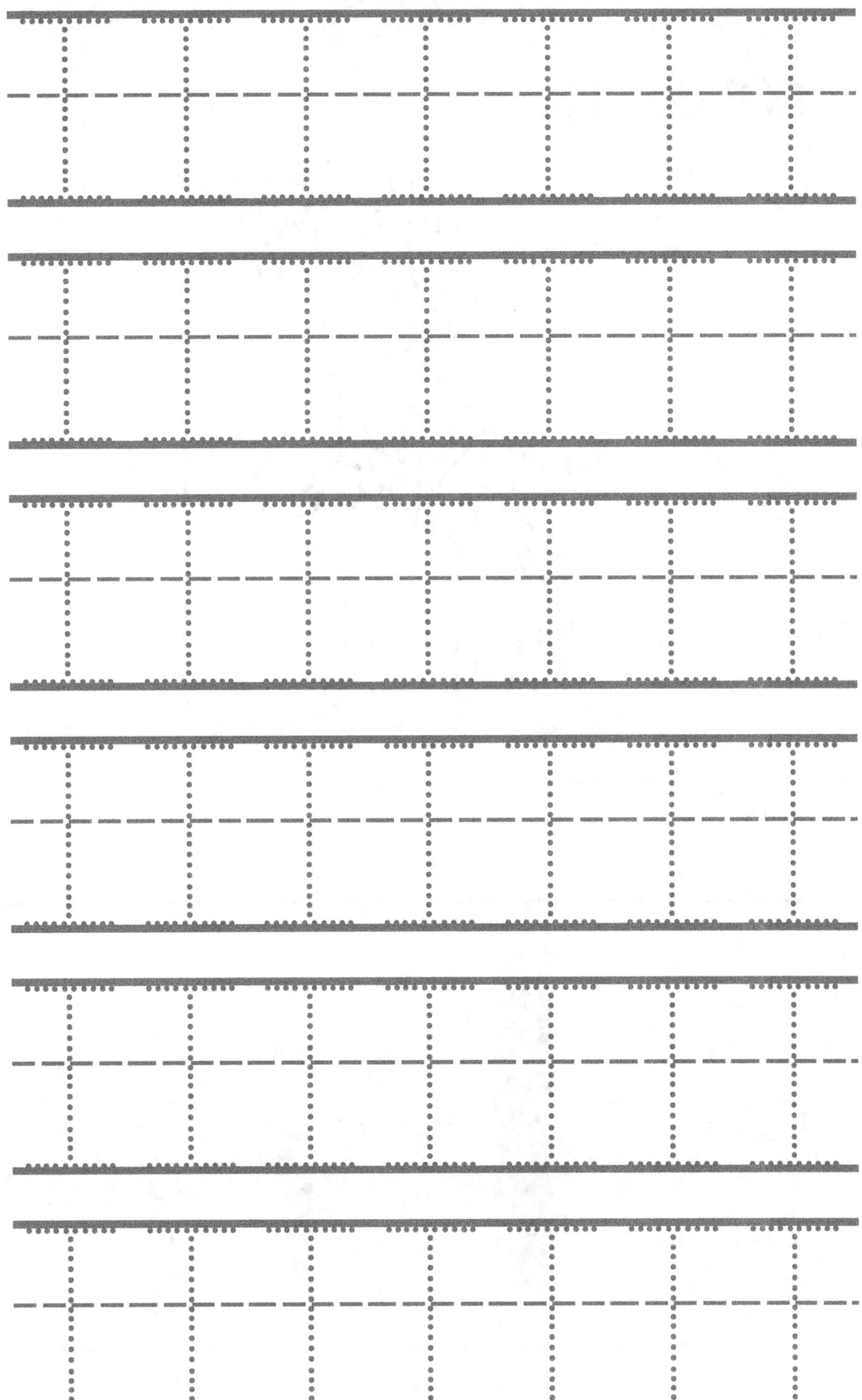

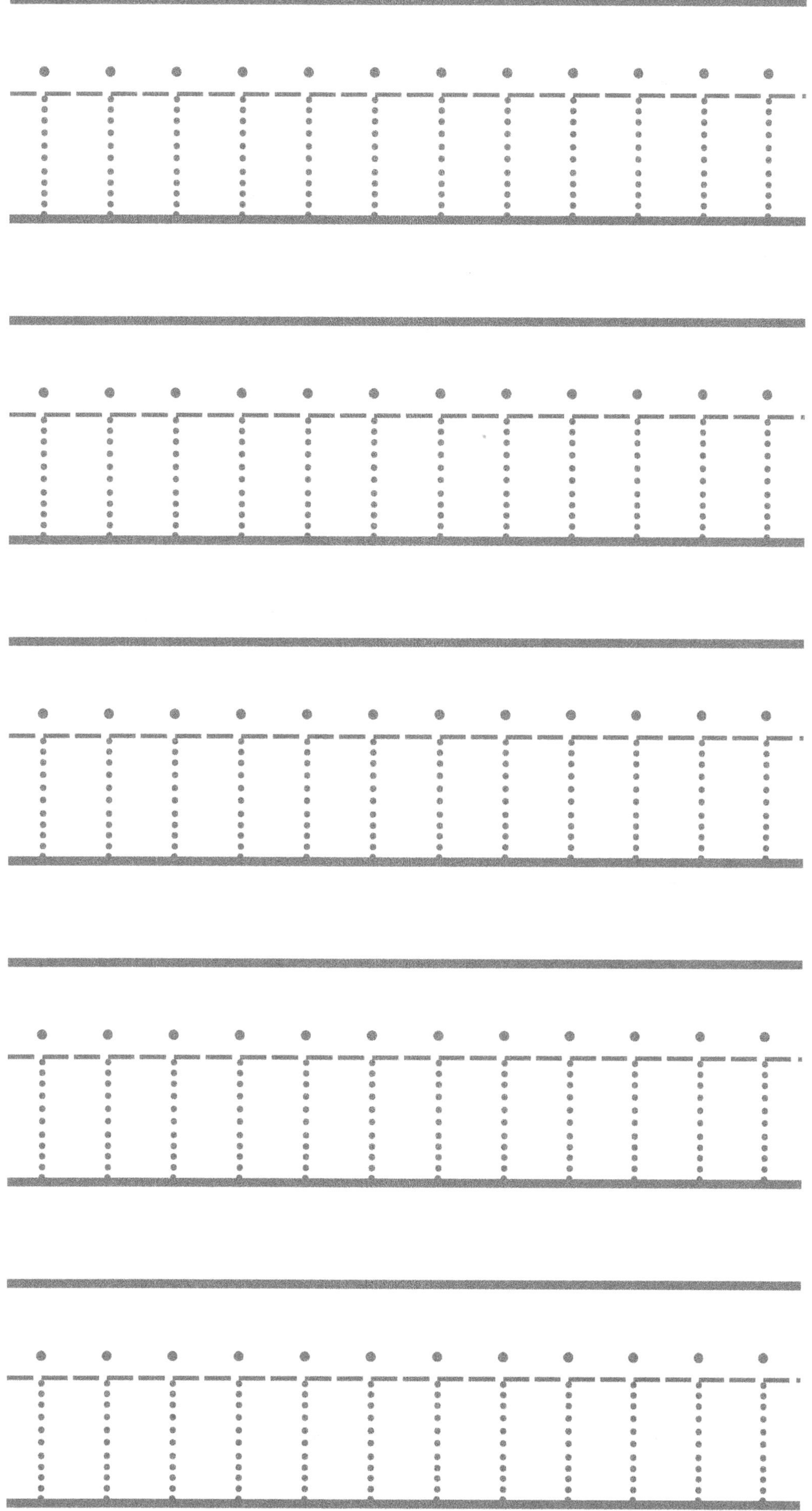

COLOR IT.

TRACE IT.

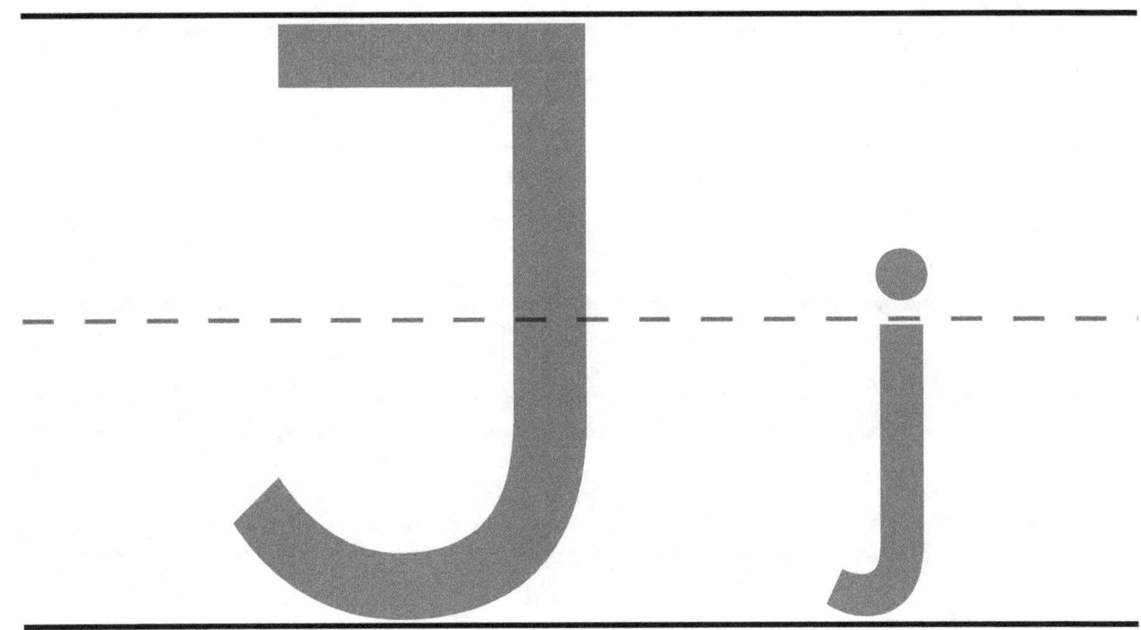

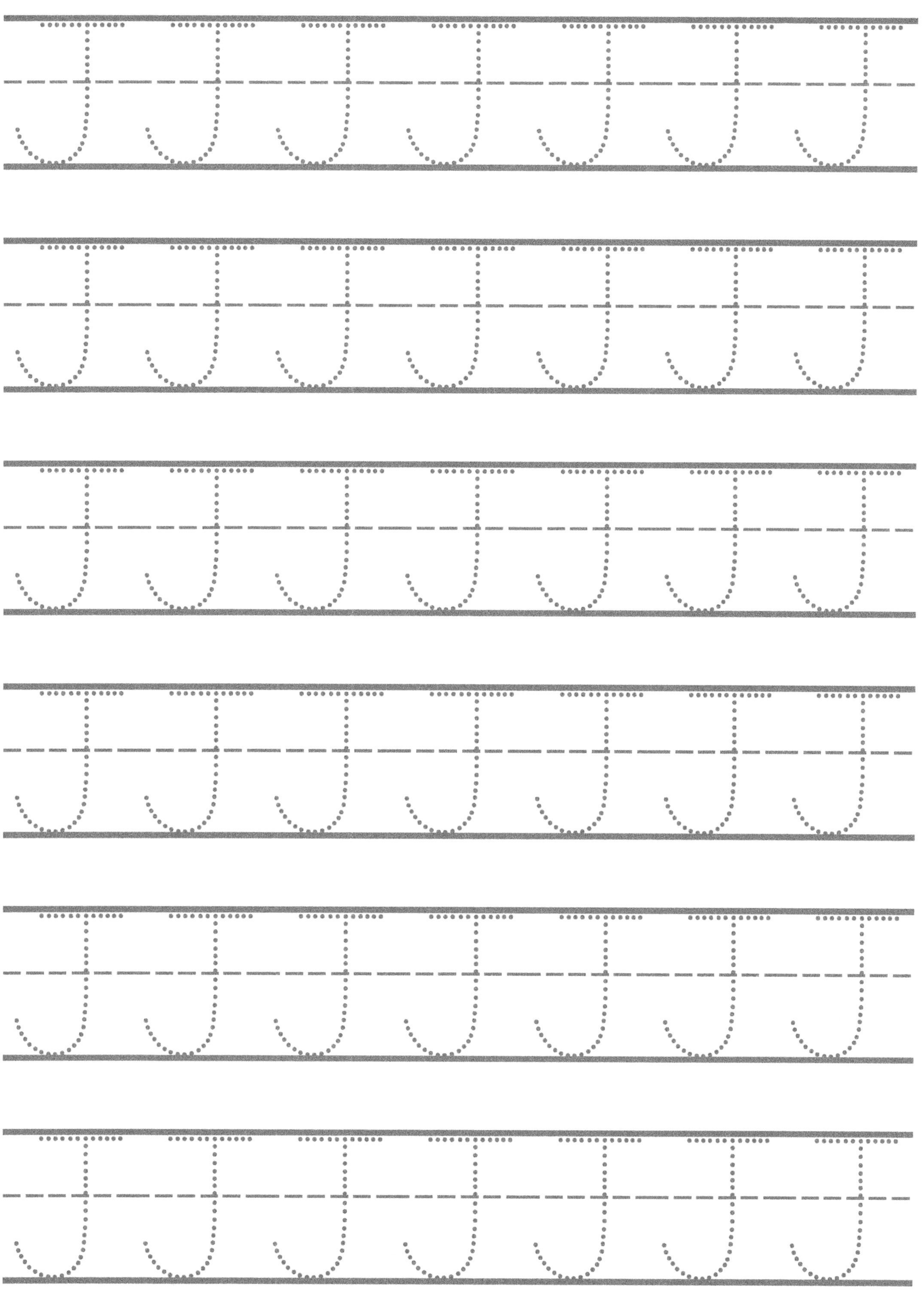

COLOR IT.

TRACE IT.

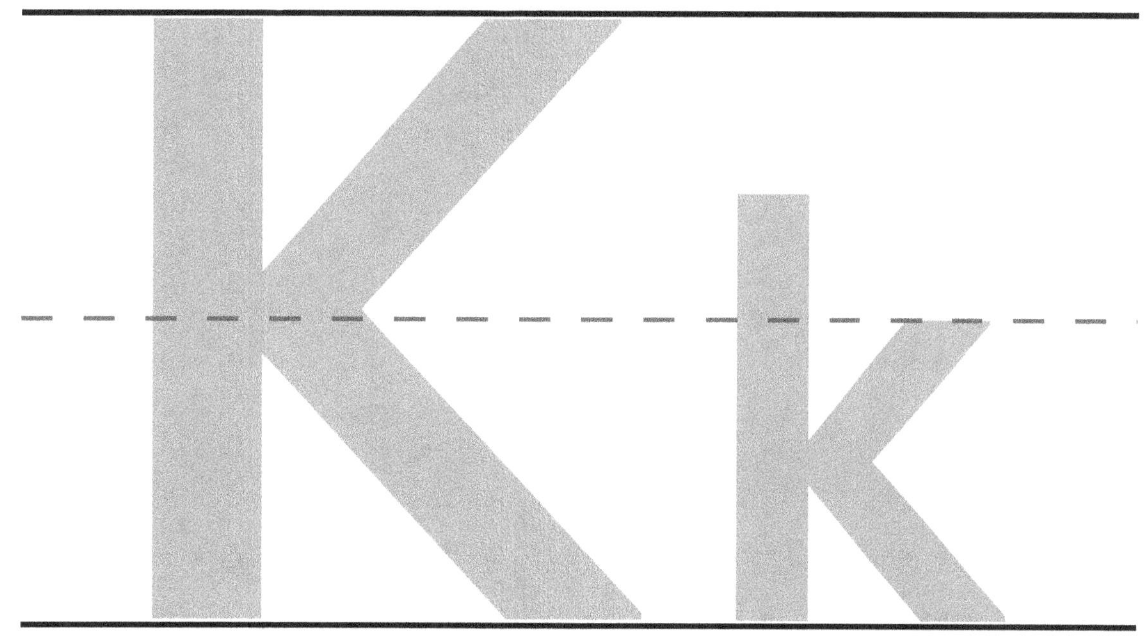

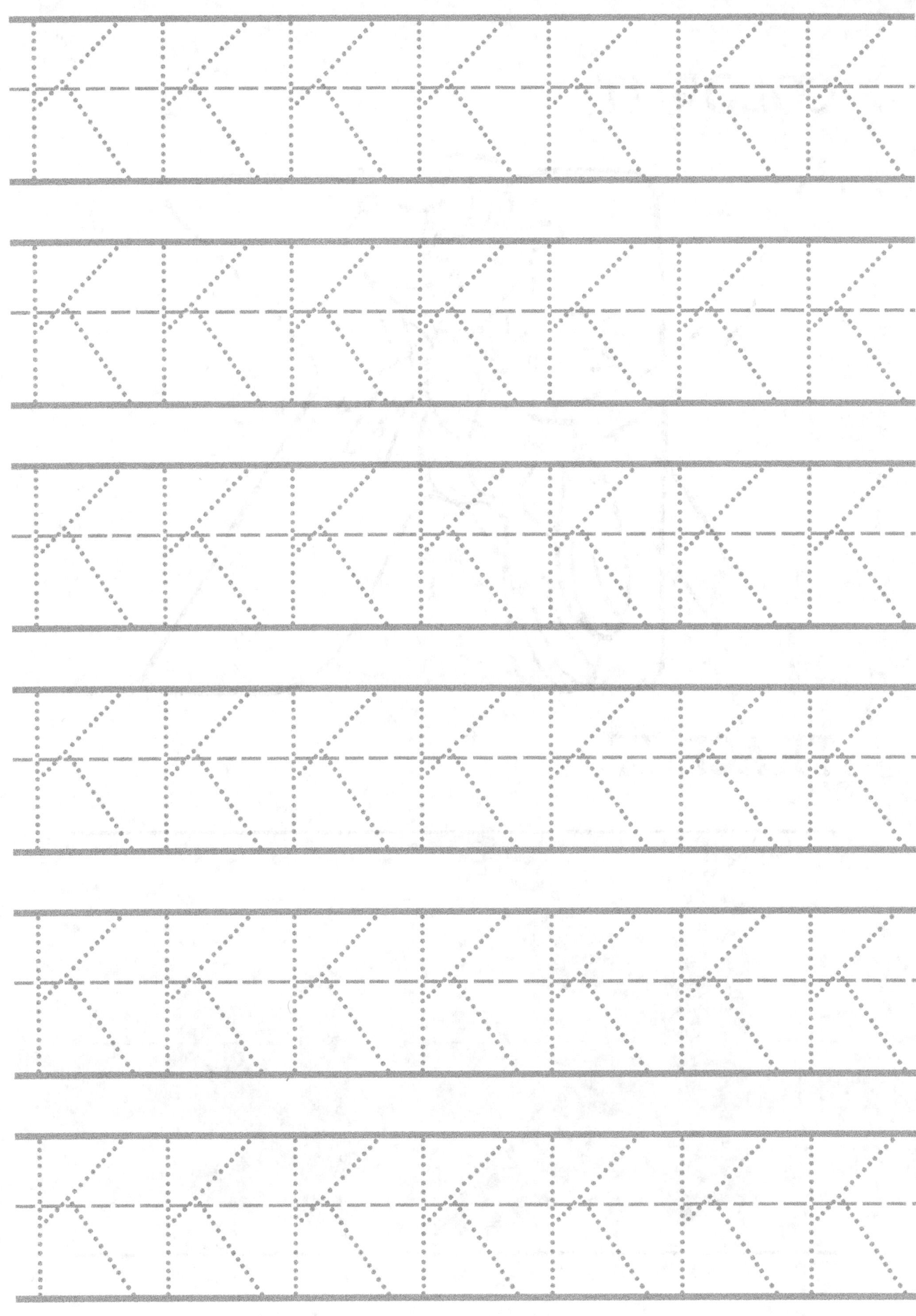

COLOR IT.

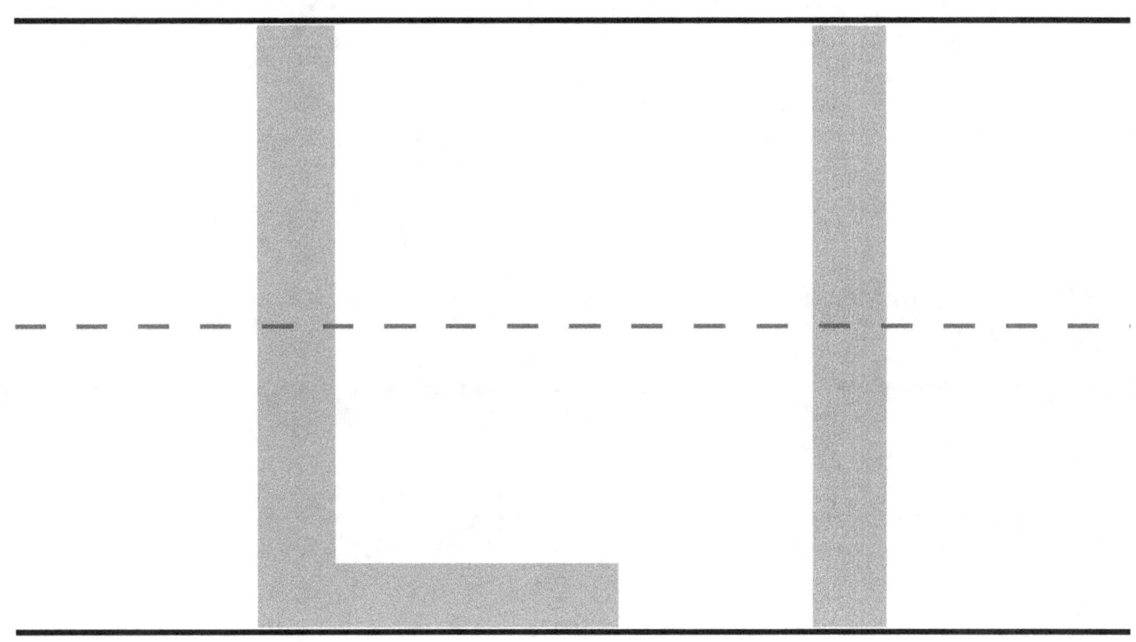

TRACE IT.

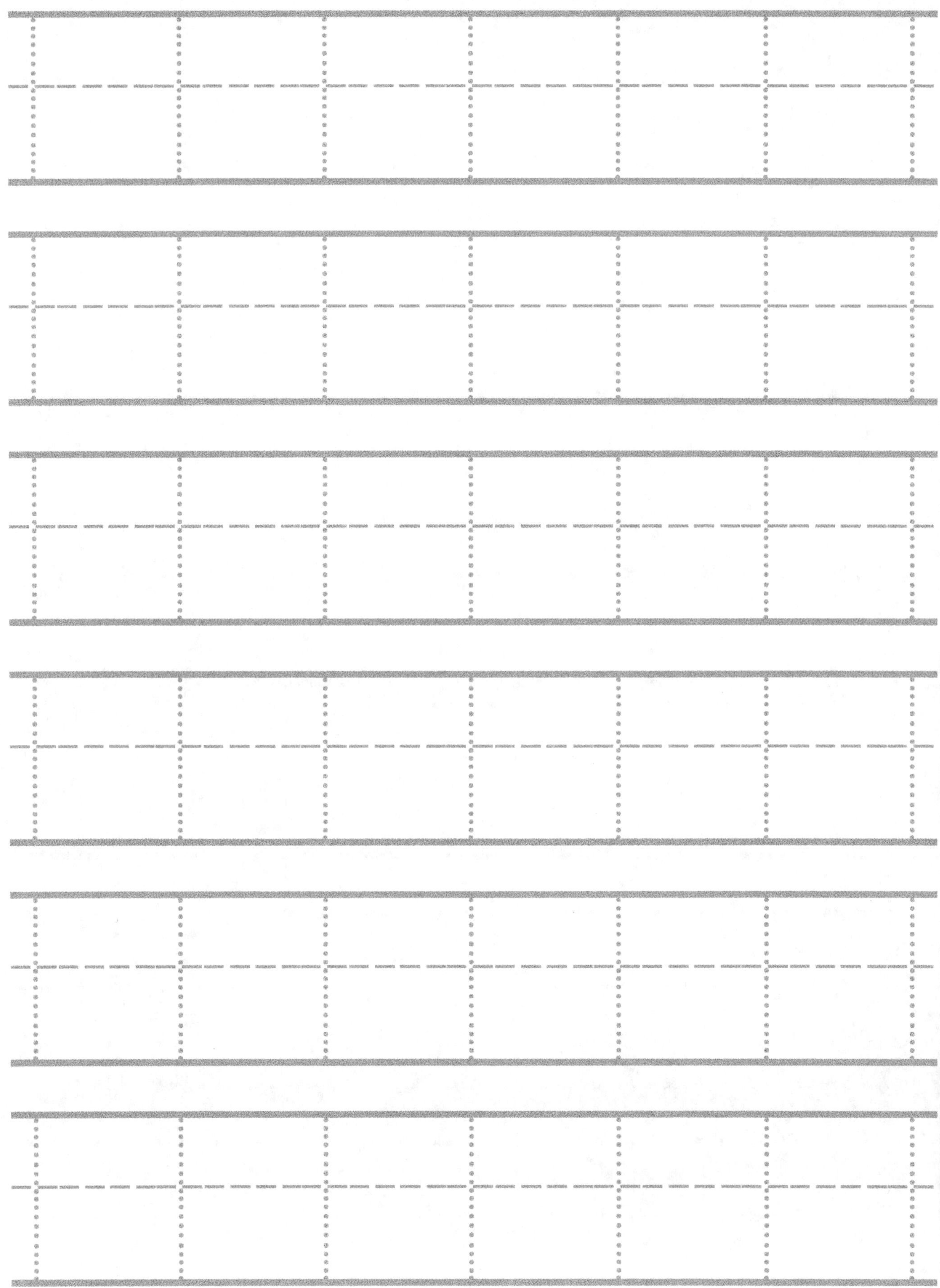

COLOR IT.

TRACE IT.

M M M M M M M M M M

M M M M M M M M M M

M M M M M M M M M M

M M M M M M M M M M

M M M M M M M M M M

M M M M M M M M M M

COLOR IT.

TRACE IT.

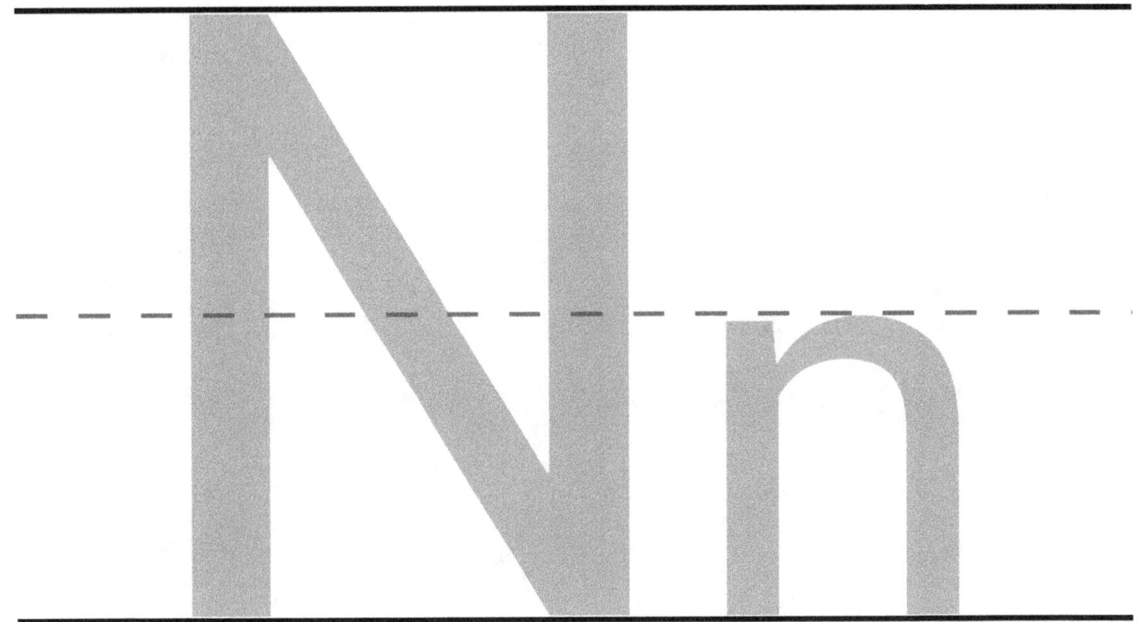

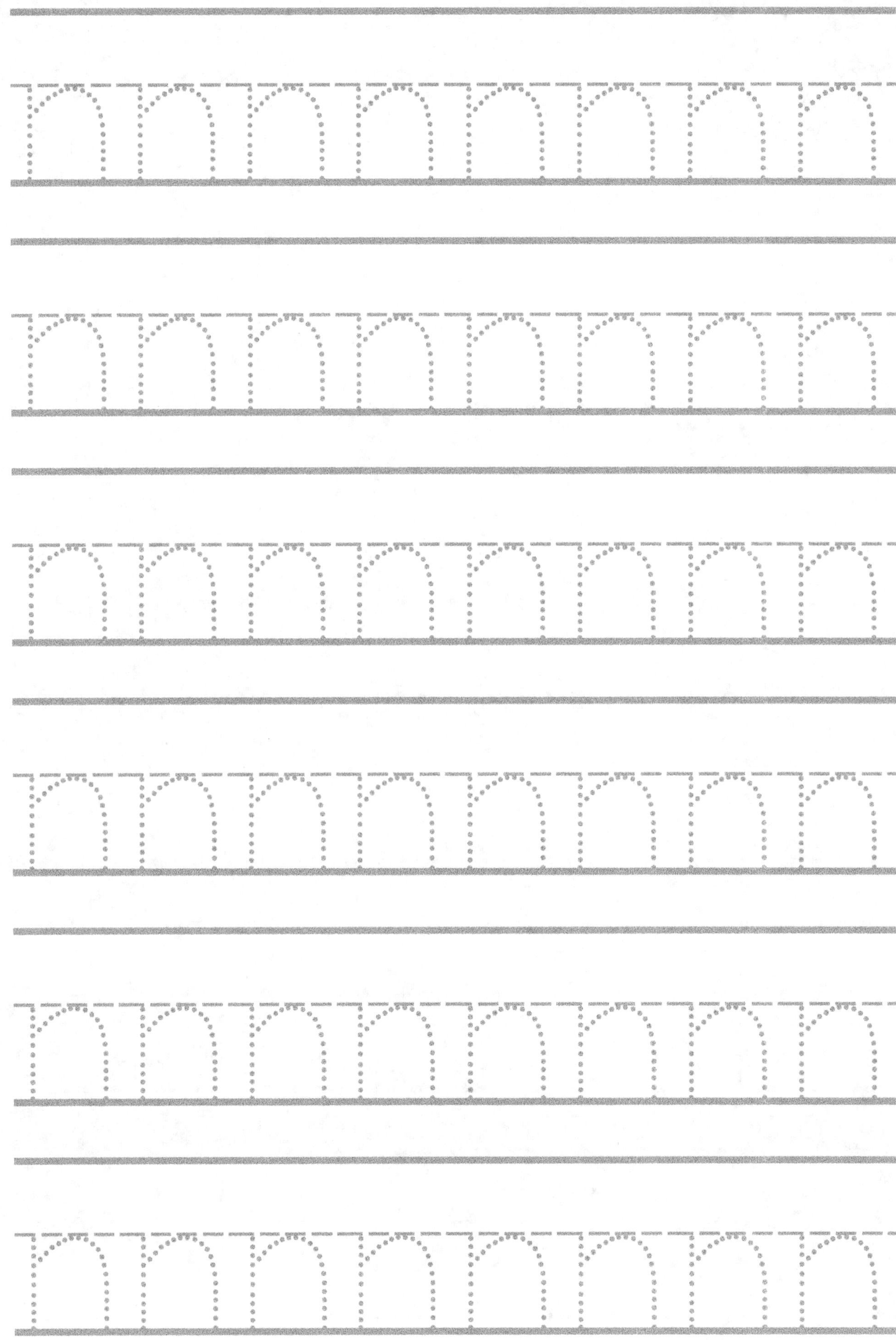

COLOR IT.

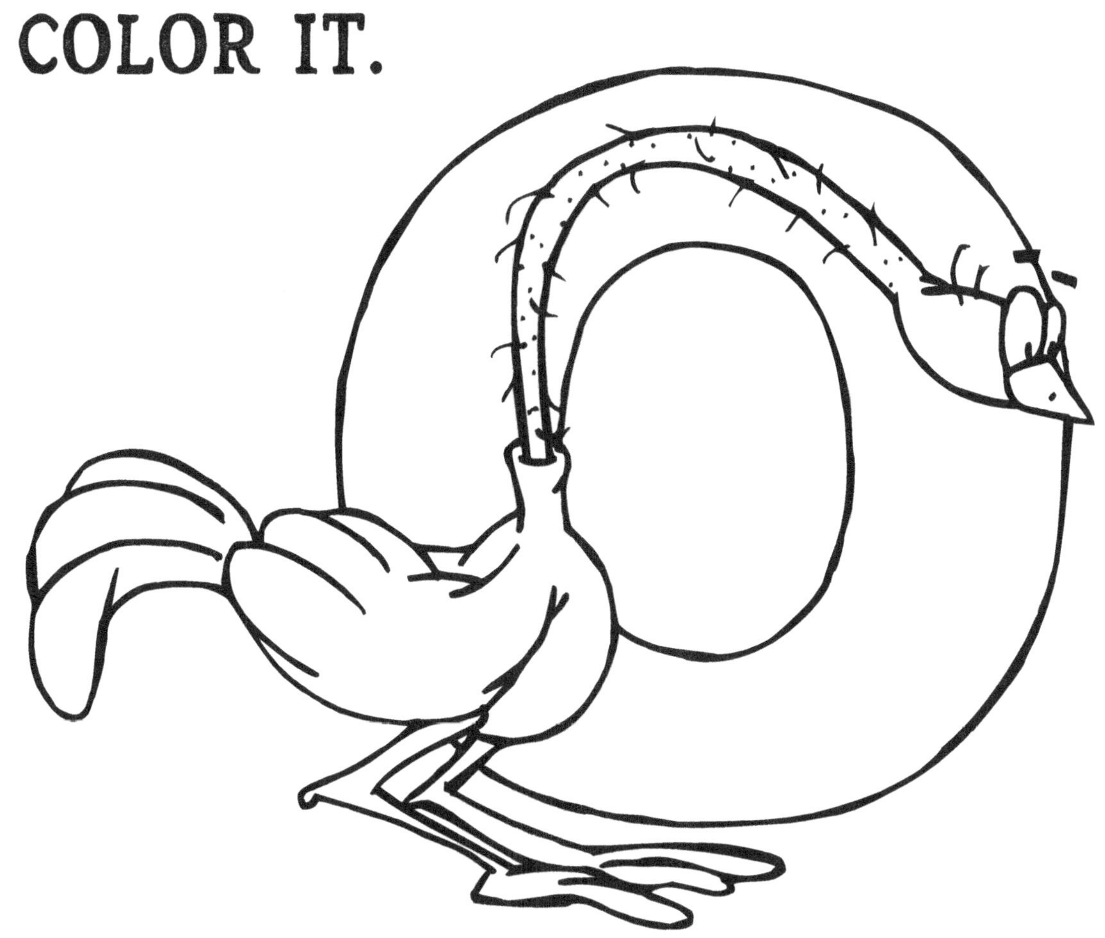

TRACE IT.

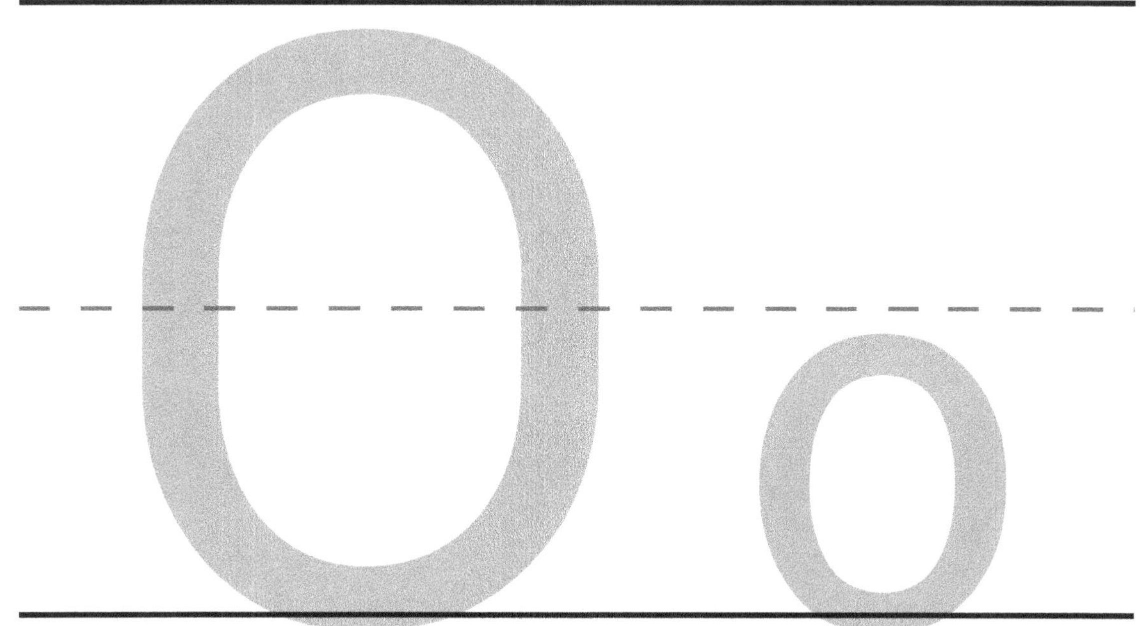

COLOR IT.

TRACE IT.

P P P P P P P

P P P P P P P

P P P P P P P

P P P P P P P

P P P P P P P

P P P P P P P

P P P P P P P

P P P P P P P

p p p p p p p

p p p p p p p

p p p p p p p

p p p p p p p

p p p p p p p

p p p p p p p

p p p p p p p

COLOR IT.

TRACE IT.

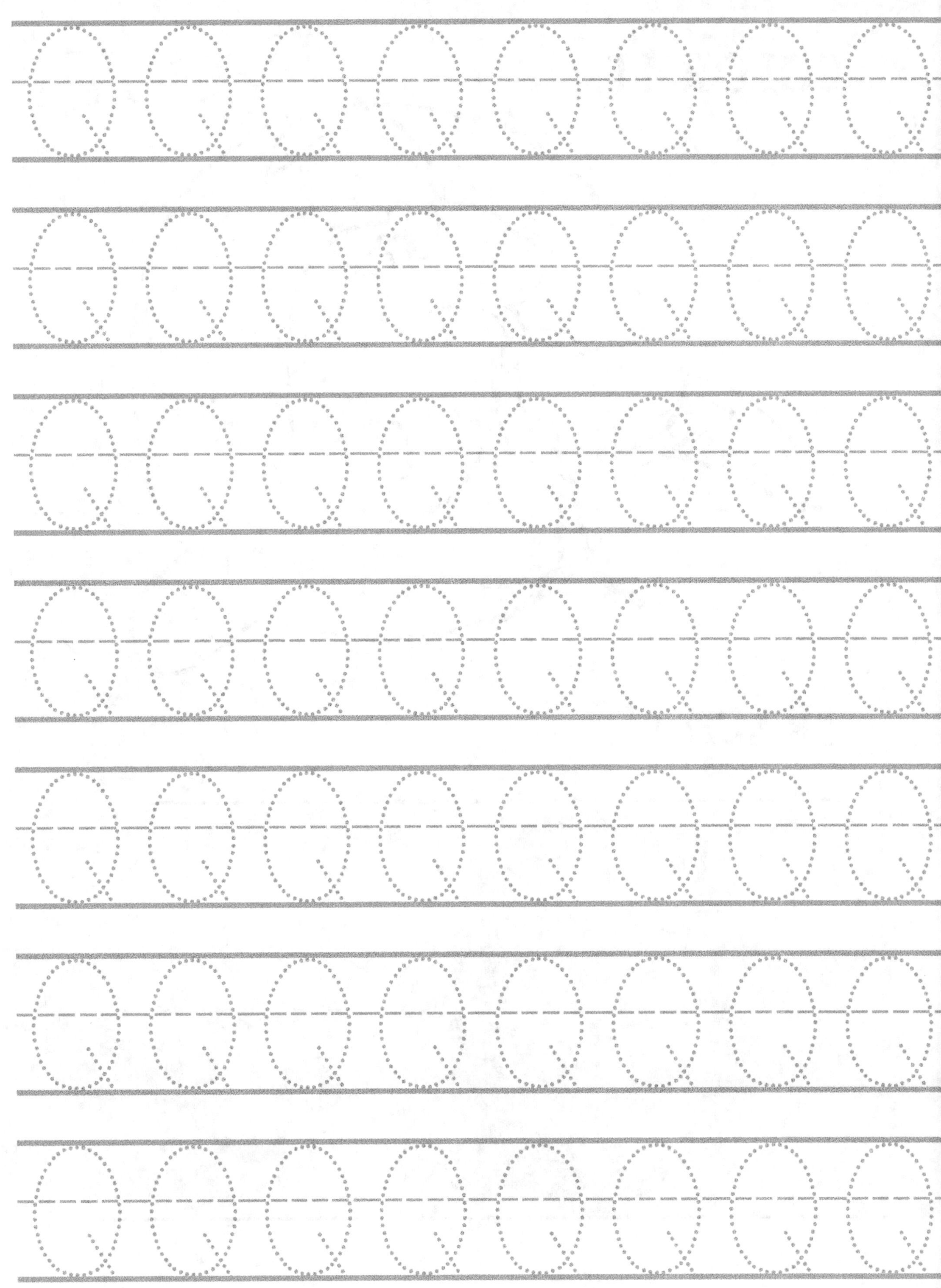

COLOR IT.

TRACE IT.

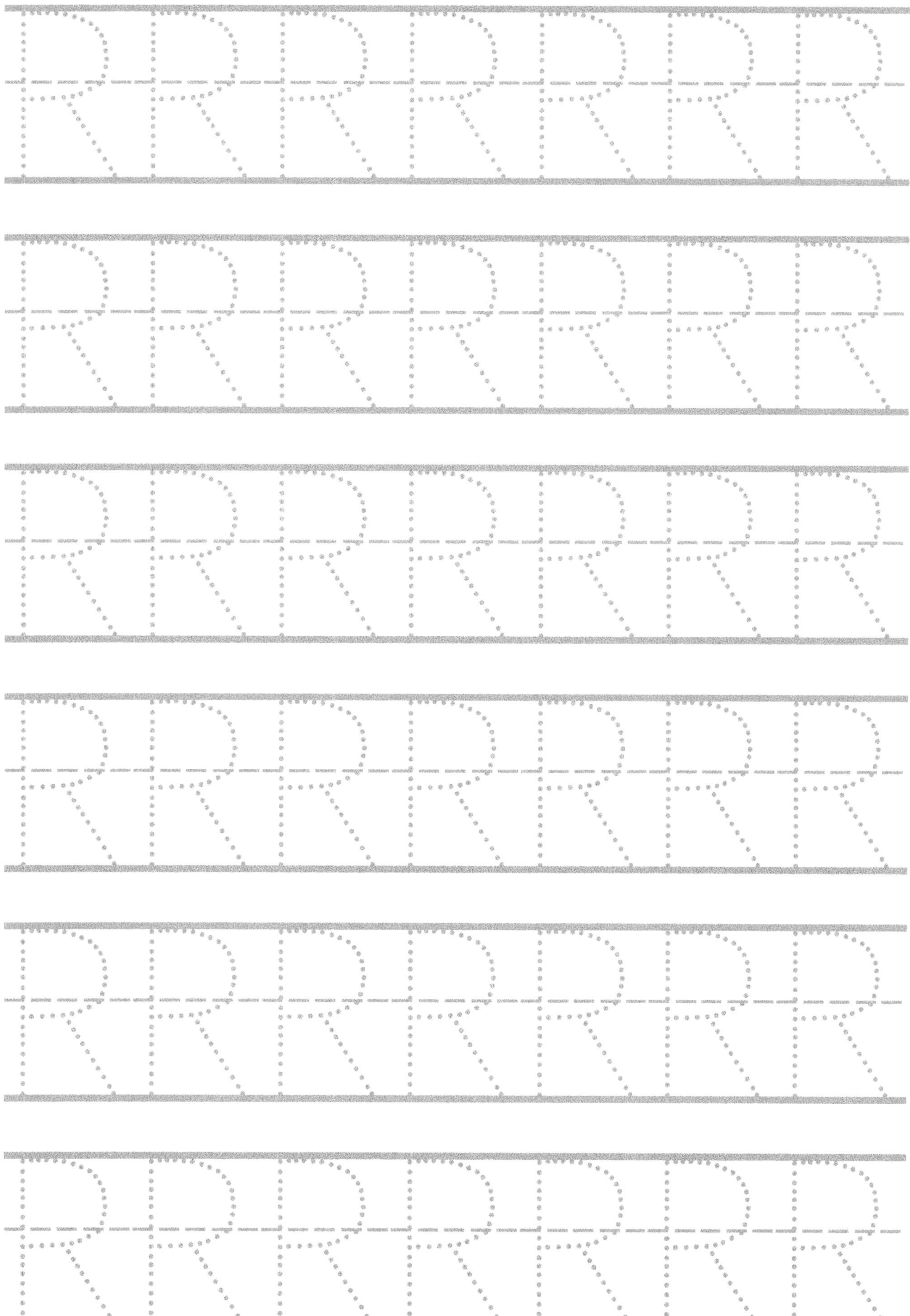

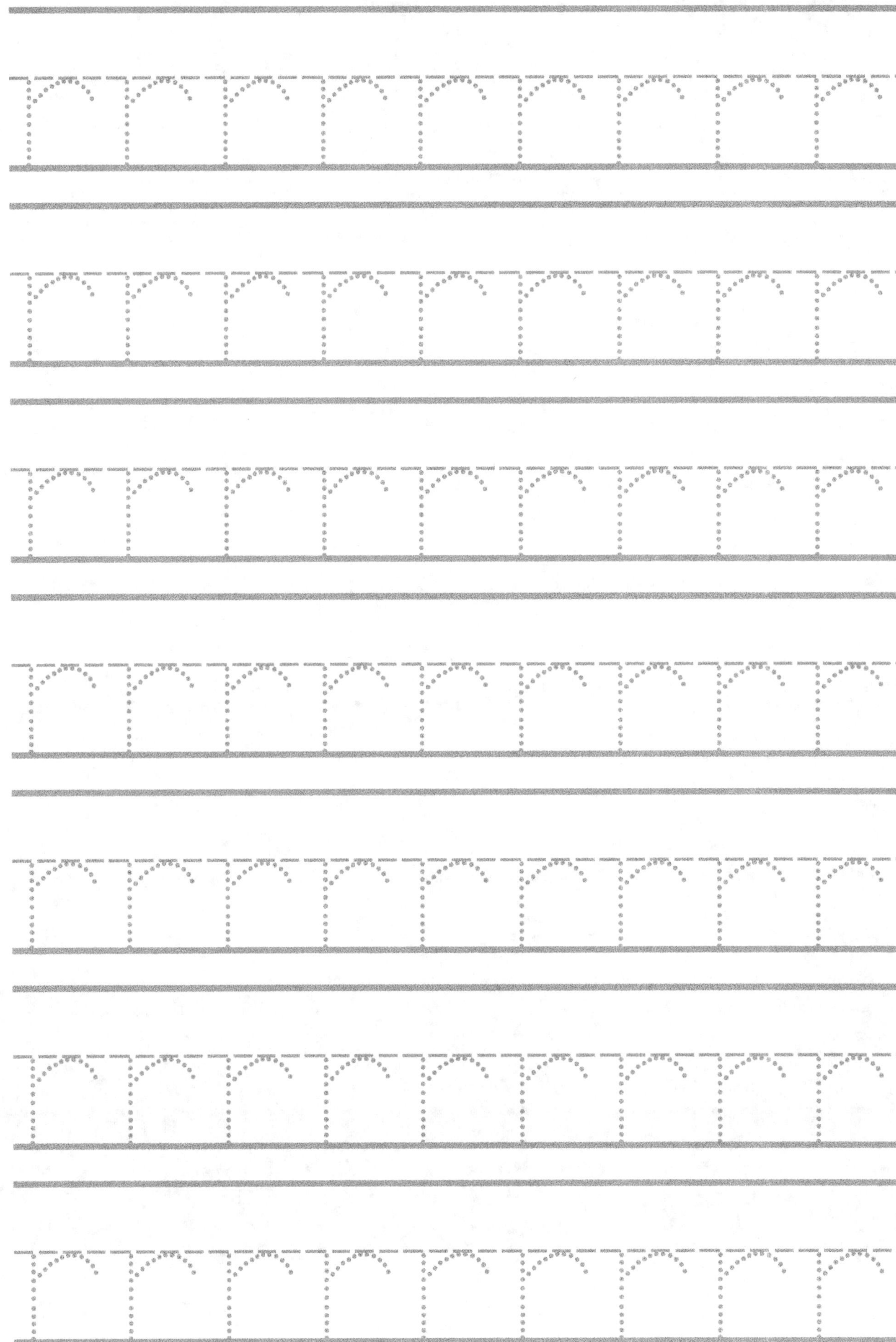

COLOR IT.

TRACE IT.

S S S S S S S S S

S S S S S S S S S

S S S S S S S S S

S S S S S S S S S

S S S S S S S S S

S S S S S S S S S

COLOR IT.

TRACE IT.

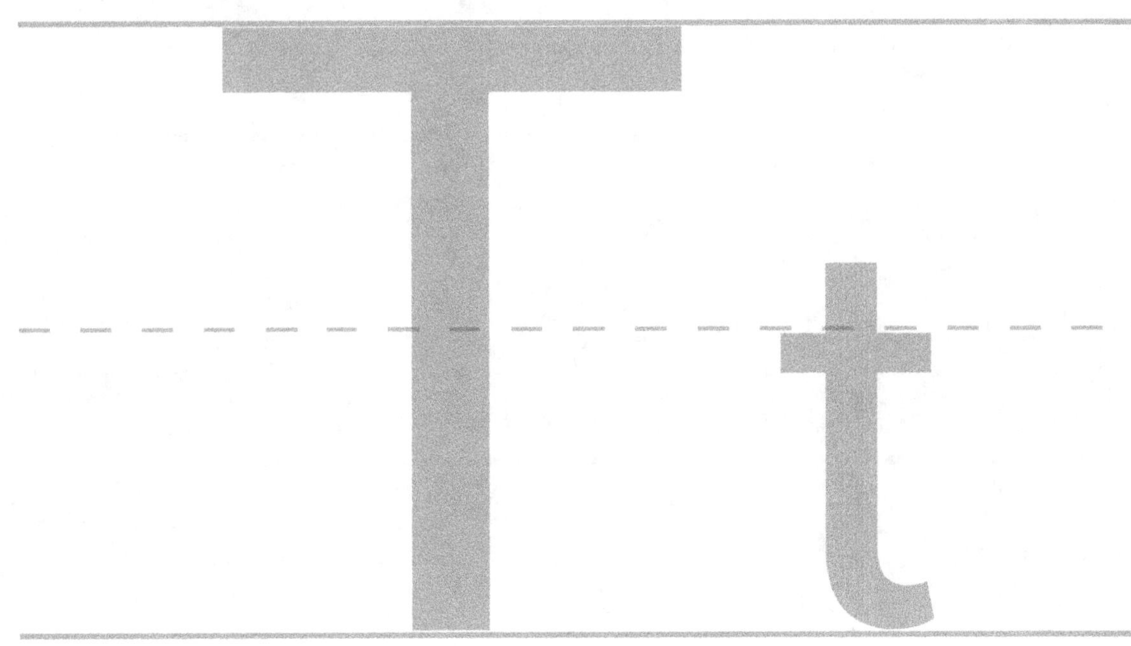

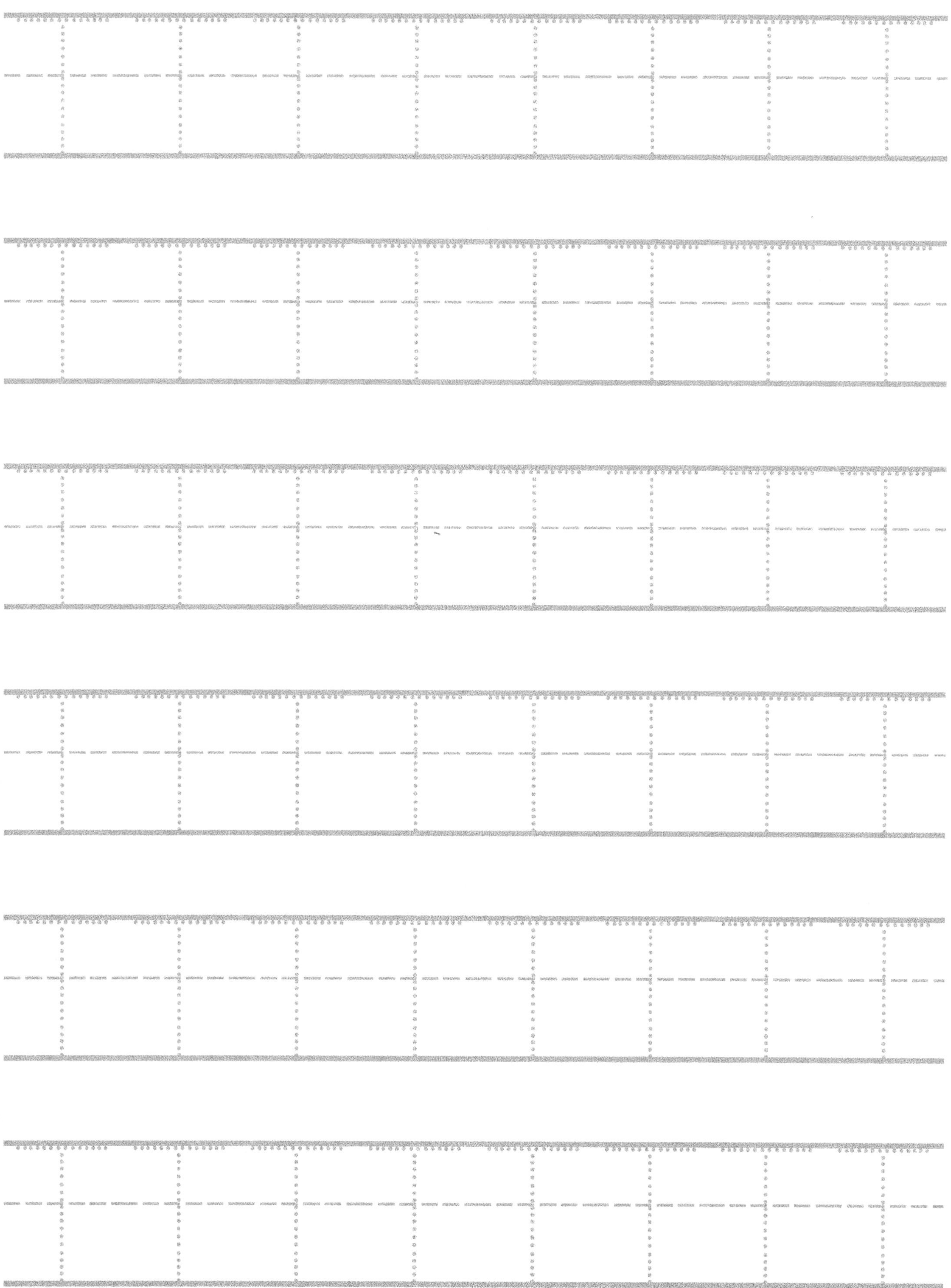

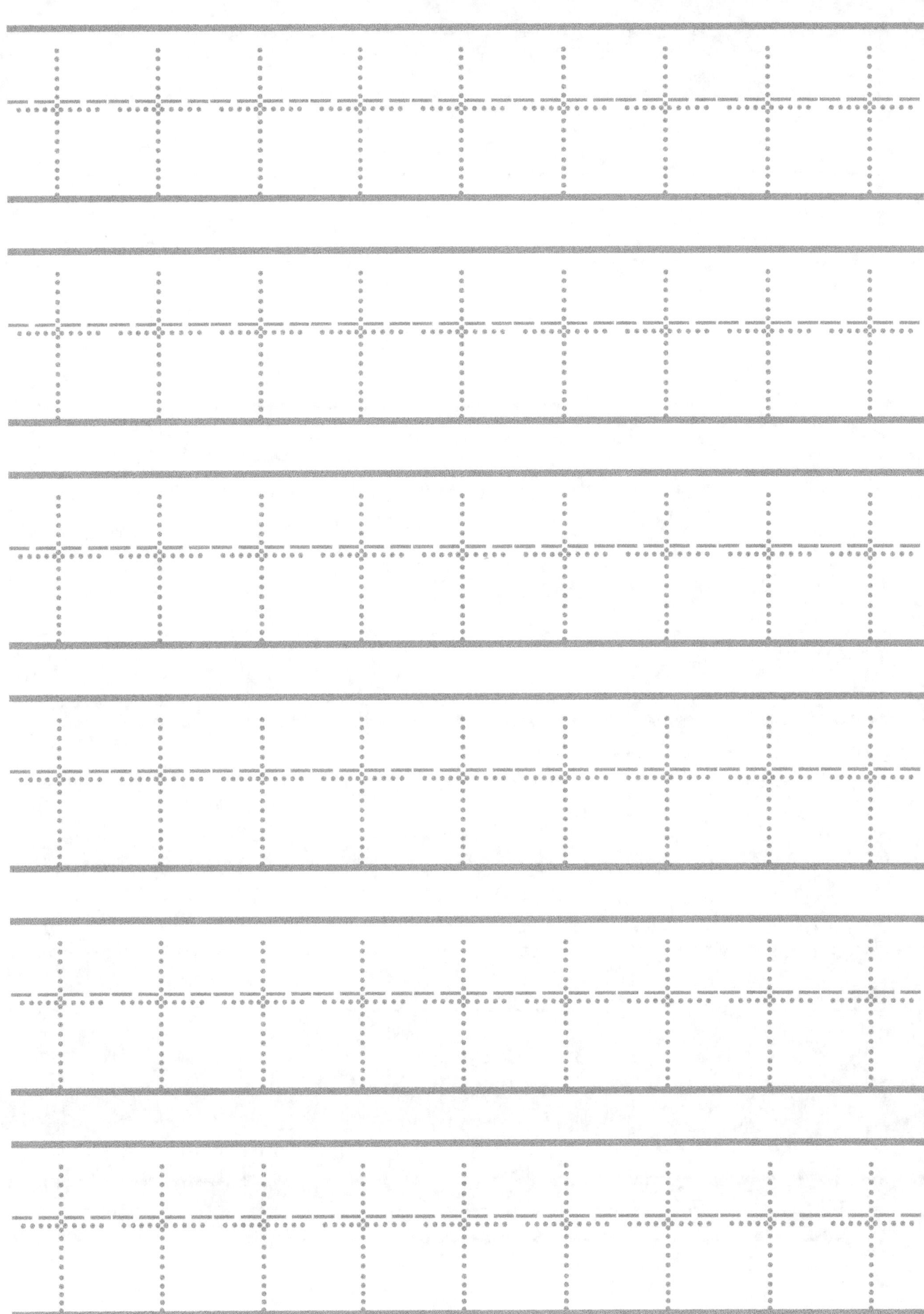

COLOR IT.

TRACE IT.

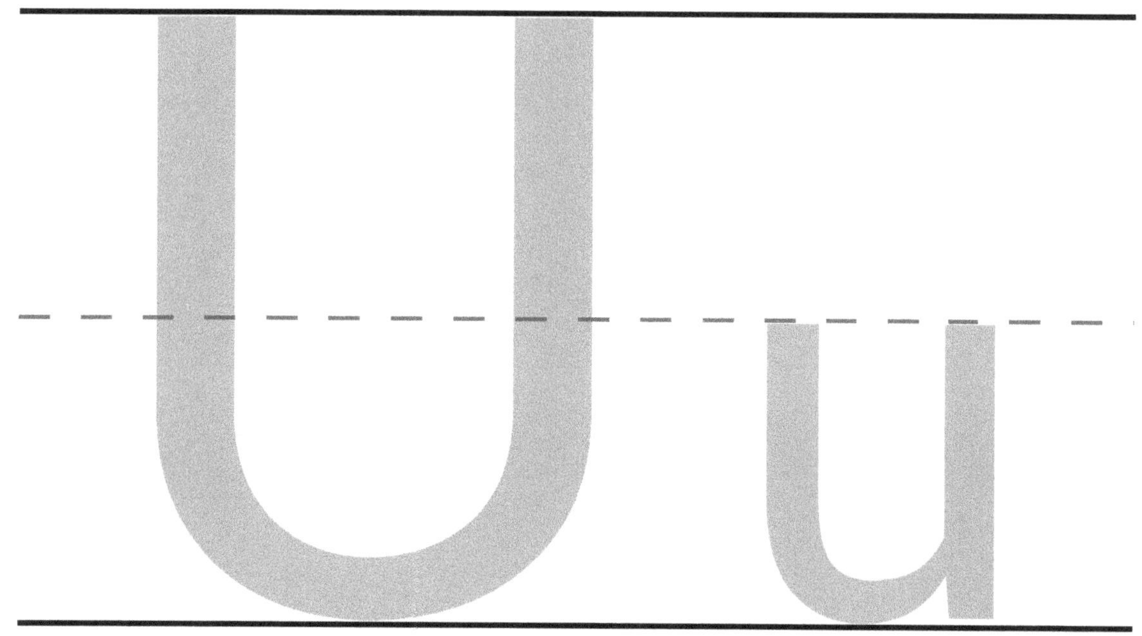

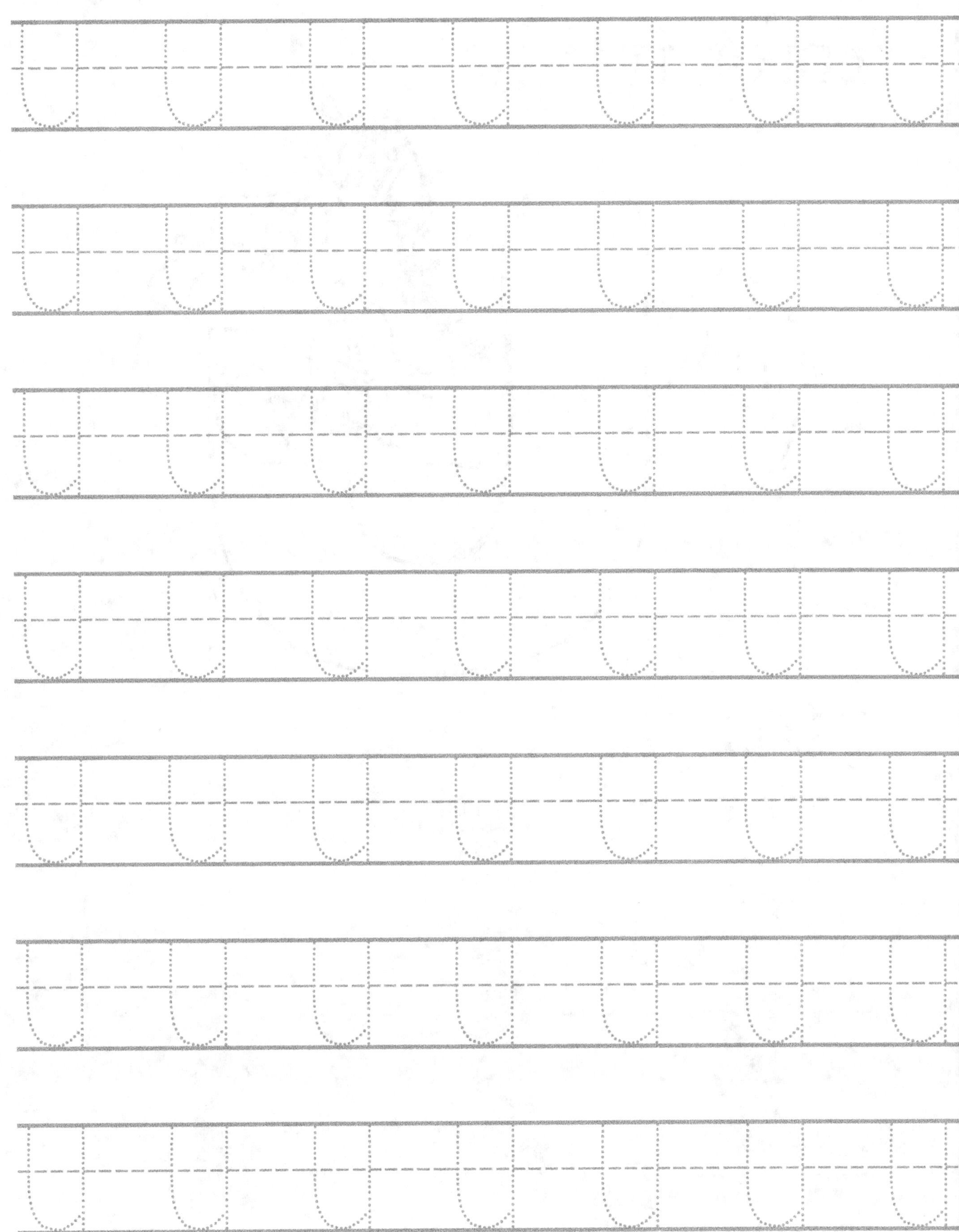

COLOR IT.

TRACE IT.

COLOR IT.

TRACE IT.

COLOR IT.

TRACE IT.

COLOR IT.

TRACE IT.

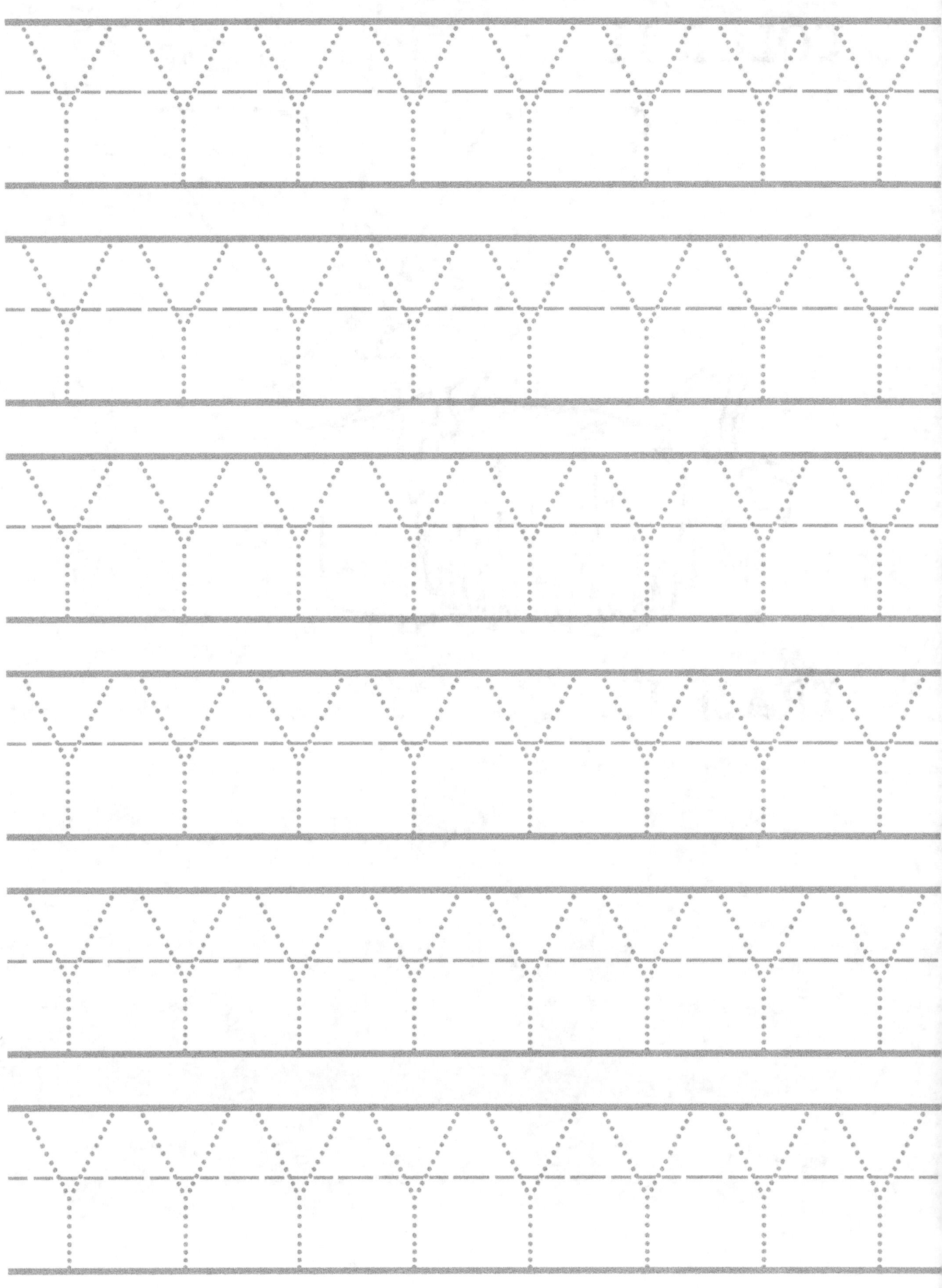

COLOR IT.

TRACE IT.